JN106383

Ordspråk (de små gleder)

ことわざ137個
（小さな喜び）

下宮忠雄
SHIMOMIYA Tadao

文芸社

はしがき

　アイウエオ順に配列し小話を添えた本書は、オスロの友人アスケダール氏（John Ole Askedal, 1942- ；オスロ大学名誉教授）から戴いた『ことわざOrdspråk』に触発され、副題「小さな喜びde små gleder」も借りた。

挿絵：p.15金持ちと貧乏人；p.19大きな魚と小さな魚；p.21仲よし；p.26静かな生活；p.34都会の孤独；p.42バラとヘビ；p.52老夫婦

小話：p.7一寸の虫；p.9命の恩人；p.13オルゴール；p.21三人兄弟；p.32小さな親切；p.47まず生きよ

参考書：D.Galef：Japanese Proverbs.Tokyo, 2012.

下宮『ドイツ・西欧ことわざ・名句小辞典』同学社（東京、1994）

あいさつ（greetings、インド語 namas）ナマステ namastē「こんにちは」。namas「あいさつ」tē「あなたに」。インドカレー店の名。日本語の「こんにちは」は「こんにちはいかがですか」の意味だが、英語の good morning は、よい朝を（あなたに望みます）、の意味である。フランス語 bon jour ボン・ジュールは「おはよう」と「こんにちは」の両方に用いる。原義は good day! である。

悪事千里を走る（Bad news has wings.）わるいニュースは伝わるのが速い。

悪銭身につかず（Lightly come, lightly go.）簡単に入ったものは簡単に出て行く；ド Wie gewonnen, so zerronnen. 獲得したように、そのように逃げて行く；フ Ce qui vient par la flûte s'en va par le tambour. 笛を吹いて入ってきたお金は太鼓をたたくよう

5

に消え去る。アンデルセンの「イブと幼いクリスチーネ」（1855）に好例がある。

あした（tomorrow）あしたという字は明るい日と書くのね。アン真理子（1945-）の歌。To-morrow writes（日本語で）a bright（明るい＝よいことがあるような）day. 英語のto-morrowのtoはto-day（今日）、to-night（今晩）のtoと同じ。mor-row「朝」はmorningと同じ語源。ドイツ語morgenは「明日」、大文字Morgenは「朝」。

明日（あした）は明日の風が吹く（Tomorrow, the day's wind blows.）明日を思いわずらうな。Be not anxious about tomorrow.（マタイ伝vi.34）

あてなよる（elegant night）あて（貴）は優雅の意味。NHK-BS 14:00 大原千鶴（京都の料理研究家；美しすぎる50代の女

性）の料理番組。優雅なドリンクと料理を提供する。お客は各界名士である。

雨のあとに草が生え、ワインのあとに会話が咲く（デンマーク、Peder Syv,1682, After rain grows grass, after wine talk.）

案ずるより産むが易し（Child-birth is easier than worrying.）

家から村へ（from a house to a village）東北本線に一戸（いちのへ）、二戸（にのへ）、三戸（さんのへ）…、八戸（はちのへ）という駅名がある。1軒、2軒、3軒、…8軒が村となり、鉄道が敷かれたときに、駅の名前になった。家が集まれば村になる。

生き字引（a walking dictionary）博識家。ド ein wandelndes Lexikon.

急がば回れ（When in a hurry, take the round-about route.）ポストまで歩けば10分、走

れば2分（鎌倉佐弓）。

一文惜しみの百失い（1円惜しんで100円失う）Penny-wise and pound-foolish.

<u>一寸の虫にも五分の魂</u>（Even a one-inch insect has a half-inch soul.）次は山村暮鳥（1884-1924）の童話「鳩はこたへた」（1920）。ハトはおなかがすいていました。羽虫を見つけると、それを捕まえて食べようとしました。羽虫がちょっと待って」と言いました。「何か用かえ」「ええ」「どんな用だえ」「あのう…世間ではあなたのことを愛の天使だの、平和のシンボルだのって言っているんです」「そして?」「それだのに、あなたは、いま、何の罪もない私の命を取ろうとしている」「それから?」「それは無法というものです」「なるほど、あるいはそうかも知れない。けれど、自分は飢え

ている。だから食べる。これは自然
だ、また権利だ」「えっ！」「何もそんな
に驚くことはない。それが万物の生きて
いる証拠さ」（作者は娘たちに毎晩お話
しをした）。

いつわりの涙（ワニの涙 crocodile tears）
ワニは涙を流して「いけにえ」をおびき
寄せる。出典はErasmusのことわざ集
（パリ 1500）ラテン語 crocodili lacrumae.
シェークスピアの Henry 6 世に用例あり。

<u>**命の恩人**</u>（two ladies who saved my life）わ
が命の恩人はいずこに（1975.8.17）。私
は当時48歳。昭和20年（1945）の10月、
朝鮮から引き揚げてくるとき、朝食を
とったきり、ずっと、まる 2 日、水だけ
で過ごした。岡山で乗り換え、満員の列
車に割り込み、姫路あたりで、やっと腰
を下ろすことができた。その座席の窓際

に二十代の姉妹らしい婦人が坐っていた。姉らしい女性が如才なく私にことばをかけてくれた。「どちらからですか」「いま朝鮮からの引き揚げです」「ずいぶんご苦労もあったんでしょう。一番のお困りは何でしたか」「はい、ちょうど３日間、何も食べていなくてフラフラしています」。妹さんらしい人が包みを取り出し「こんなものでもよろしかったら…」と遠慮する私の手に差し出した。開けてみると、餅草入りのパンが10個入っていた。私は７個を飲み込むようにして食べた。流れ落ちる涙はどうしようもなかった。残りの３個は記念に残した。そのうちに二人は降りてしまった。せめて、お名前だけでも伺っておけばよかった。（戦後のハンガー時代を経験した者には、泣けてくる）

命の水（water of life）ラテン語 aqua vītae（アクワ・ウィータエ、英語流にはアクワヴィット）、そのフランス語 eau-de-vie（オ・ド・ヴィ）はブランデー、英語 whisky はスコットランド語で「命の水」の意味。グリム童話「命の水」（KHM 97）は重病の王様を救うために三人の王子が命の水を探しに出かける。

有為転変（ういてんぺん ups and downs of human life）人生は七転び八起き One falls seven times and gets up eighth time. 1回、2回の失敗は序の口。He falls, but stands up.

宇宙から見ると地球には国境がなかった（毛利衛、1992）From the space（ドイツ語の宇宙は Weltraum「世界の部屋」）there was no boundary on the earth.

裏には裏がある（There is a reason behind the reasons.）犯罪の理由は一つや二つではな

い。正当な理由もある。

絵に描いた餅（は食べられません）
You can't eat the rice cake in a picture.

老いては子に従え（When you grow old, obey your children.）負うた子に瀬を教えられる。A mother carrying her child is given advice that there is shallow water.

男は度胸、女は愛嬌（Man has courage, woman smile.）それぞれのセールスポイント。胸kyōと嬌kyōが脚韻（end rhyme）を踏んでいる。例：カネよりコネ

鬼の居ぬ間に洗濯（When the cat is away, the mice will play.）こわい人のいない間に、思う存分、自由に遊びまわる。ネコのいぬ間にネズミたちが遊ぶ。

溺れる者は藁をも掴む（A drowning man will catch at a straw.）catch at は「つかもうとする」努力を表し、catch は「実際に

つかむ」

オルゴール（オランダ語orgelオルヘル、 英music box；1990.5.11） 私は33歳。十数年前、当時住んでいた東京のI駅前（飯田橋か）に居郷留（オルゴール）という喫茶店があった。ビルの何階かにあるその店の窓際の席から駅前の風景を見下ろすのが、私は好きだった。バスやタクシーが始終発着し、多種多様な目的をもった多くの人が行き交う。その「オルゴール」に私は何年も通い続けた。あるとき、就職試験で札幌を訪れた。とある地下鉄の駅前を歩いていると、織香留（オルゴール）という喫茶店が目に入った。私はすぐさま、その店に入った。真っ白なコーヒーカップをすすりながら、この地に住めるだろうかと思った…その数か月後、私は住み慣れた東京を離

れ、札幌の住人となった。何度も通った東京のオルゴール、たった一度だけ入ったオルゴール、二つともなつかしい店である。あの二つの喫茶店は、まだあるだろうか。育児中の身にとっては、喫茶店でコーヒーを飲むなど、ほとんど夢物語である。

外国語（foreign language）外国語を知らない人は自国語についても（本質を）何も知らない。ゲーテ Wer fremde Sprachen nicht kennt, weiss nichts von seiner eigenen. 外国語を知ると、自国語の本質がより鮮明になる。

蛙の子は蛙（The child of a frog is a frog.）

学問に王道なし（There is no royal road to learning.）Slow and steady wins the race. ゆっくりと着実なのが勝つ。

我田引水（Every miller draws water to his own

mill.）だれもみな自分の田んぼに水を引こうとする。親は子供のために努力する。

悲しみ（sorrow）は駆け足でやってくる。Sorrow comes running（2017）。アン真理子の歌。若いという字は苦しいという字に似ているのね。Young resembles hard.

金持ちと貧乏人（は同居しにくい）下の挿絵は Aage Stabell Bilgrav（2万ことわざ，Copenhagen, 1985）から借りた。一緒に坐っていいですか、と言われてもね…。

金持ちと貧乏人

金 より コ ネ（connection works better than money）kané と koné が脚韻を踏む。

果 報 は 寝 て 待 て（Sleep and wait for good luck.）と言うが、幸運は降ってこない。

季 節（season, フ saison）のドイツ語は Jahres-zeit（ヤーレスツァイト）"time of the year" 季節は、それぞれ、恵みをもたらす。4月の雨は秋の収穫をもたらす。（14世紀英国詩人チョーサー『カンタベリー物語』）

木 と 林 と 森（a tree, two trees, three trees）この三つの漢字は、美しいセットになっている。どれも人名や地名に用いられ、日本人の生活に深く根づいている。そこで、自然と知恵を学ぶ。日本は森林大国だが、カリフォルニアのような火災はない。林は林間学校 camping school に見える。

漁 夫 の 利（fish in troubled waters）ド Wenn

16

zwei sich streiten, freut sich der dritte. 二人が争えば、第三者が喜ぶ：フ Pendant que les chiens s'entregrondent, le loup dévore la brebis. 犬どもが唸り声を上げている間に、オオカミが雌羊をむさぼり食う；ラテン語 duōbus litigantibus tertius gaudet. はドイツ語と同じ。

木を見て森を見ず（look at trees and don't see the forest）日々の生活に追われ、人生の設計ができない。

国破れて山河あり（杜甫、8 世紀中国の詩人）The country was destroyed, but its mountains and rivers have remained.

芸術は長く、人生は短い（Art is long, life is short；ラテン語 Ars longa, vita brevis.）。出典のヒッポクラテス Hippokrates（紀元前 460?-370?）のギリシア語は順序が逆で「人生は短く、芸術は長い」Ho bíos brakhús hē dè tékhnē makrē.

幸運（fortune）人はみな自分の幸運の開拓者だ。幸運は自分で築くものだ。不幸を他人のせいにするな。Every one is the smith of his fortune. ラテン語 Suae quisque fortunae faber est.「人は自分の運命の鍛冶屋だ」faber は「鍛冶屋」。Fabre（ファーブル昆虫記の著者）は同じ語源。

郷〔gō〕**に入りては郷に従え**（When in Rome, do as the Romans do.）故郷のときは〔kyō〕。日本に来たら、靴をぬいで家に入りましょう。外国では食事の前に手をあわせて、お祈りしましょう。

子供（child）同じ境遇の子供は仲よく遊ぶ。Like children play best. 貧乏人の子供は貧乏人の子供と、金持ちの子供は金持ちの子供と遊ぶ。

小物入れ（accessory case）は思い出の品

がつまっていて、人生の縮図。贈り物の
お酒の壺（新潟の教え子より贈られた
900ミリリットルのお酒の壺）に1966年
の手帳（1966.4.21.モスクワ訪問の記
録）、日光の石、庭の小石、20年使った
入れ歯、など。

魚（大きな魚は小さな魚を食べる）A big
fish eats small fish. 弱肉強食。人間の社会
も同じ。下の挿絵は柳田千冬（学習院大
学マンガクラブ、1994年以後専属イラス
トレーター）。

大きな魚は小さな魚を食べる

猿も木から落ちる〔Even monkeys fall from the tree.〕。

去る者は日々に疎（うと）し　友人、先生、両親が、徐々に記憶から遠ざかる。

さん（三つ three）①三位一体：父（神）、キリスト、聖霊；②ヤーコプ・グリム（1785-1863）とヴィルヘルム・グリム（1786-1859）は『グリム童話』と『ドイツ伝説』、六人兄弟の末弟ルートヴィッヒ・グリム（1790-1863）はグリム童話の挿絵を描いた。

③『フランダースの犬』のネッロ（ニコラスの愛称）、犬のパトラッシェ、ネッロの友人アロア Alois.　④夫婦と子供。

⑤三人兄弟 three brothers（いじめられた末弟が一番成功した）。

　三人兄弟はグリム童話KHM124にあり、チェホフに『三人姉妹』がある。

三人の仲よし

三人兄弟（菊池寛作 1921）京都の都から
30キロ離れた丹波の国に三人の兄弟が
いました。名前は一郎次、二郎次、三郎
次、年齢は18, 17, 16でした。これから都
へ出て、仕事を探そう、と出発しまし
た。途中で道が三つに分かれるところに
来たとき、一郎次は右の道を、二郎次は
真ん中の道を、三郎次は左の道を進みま

した。三人別々のほうが、奉公口を見つけやすいと思ったのです。

　一郎次は左大臣道世様の家来になり、10年後、検非違使（けびいし）という地位を得ました。これは警察署長と裁判所長をかねた職種です。

　二郎次は途中で出会った武士に仕事を探している、と伝えますと、ちょうどよい、いま人を探していたところだ、と森の中の御殿に案内されました。そこには三十人ほどの男が酒盛りをしていました。そこで一同に紹介されて、ご馳走を腹いっぱい食べました。最初の日に、こんな幸運にあうとは、おれは一番の成功者だと思いました。ところが、それは大泥棒の仲間だったのです。しかし、獲物の中からお金を山のように貰いました。

　三郎次は、日暮れに、都の町はずれの

加茂という村に着きました。すっかり、くたびれて、道端に休んでいると、女の人に声をかけられました。事情を話すと家の中に案内されました。そこには老人と、かわいい娘がいました。老人は病気で、いまにも亡くなりそうです。その老人が、うちの一人娘の婿になってはいただけますまいか、と言うのです。老人はいままで金を稼ぐことにばかり熱中して、10万貫ものお金を貯めました。しかし、あんな鬼のような長者の家に婿はやれないと断られました。でも、旅の方なら、お婿さんになっていただけるのではないか、とお願いしていたのです。事情を知った三郎次は、承知しました。すると、老人は安心して、亡くなりました。

　三郎次は老人の葬式を済ませて、結婚

しました。そして遺産の10万貫の半分を都の貧乏人に分けてやりました。いままでの老人は鬼だったが、今度の主人は仏さまだ、と言われました。三郎次と妻は夫婦仲よく幸福に暮らしました。加茂の長者と呼ばれ、花子というかわいい娘も生まれて、10年が経ちました。

　その花子が大泥棒になった二郎次に誘拐されてしまったのです。さいわい、犯人の二郎次が捕らえられて、警察署長は花子を無事に父親の三郎次に引き渡しました。被害者が弟の三郎次であることを知って、10年ぶりの再会を抱き合って喜びました。すると、犯人の二郎次が、おいおい泣き出したではありませんか。代官様（一郎次）の前に引き出されると、おう、二郎次ではないか。こうして、三人兄弟は、お役人、大泥棒、お金

持ちになって、再会を果たしました。

自業自得（Serve you right.）ド Es geht ihm recht geschehen. 彼には正しいことが起こった、見せしめだ；フ Vous l'avez voulu! それはあなたが望んだことだ。

静かな生活（quiet life）静かな生活にまさるものはない。Anything for a quiet life. 挿絵は Aage Stabell Bilgrav『2万ことわざ』コペンハーゲン、1985。ギリシアのこと

静かな生活は何物にも代えられない

わざ「隠れて、ひっそりと生きよ」Láthe biôsas（デモクリトス）。

親しき仲にも礼儀あり（There are formalities between the closest of friends.）

失敗は成功のもと（By mistakes we learn.）ド Durch Fehler wird man klug. 過ちにより人は賢くなる。フ En faillant on apprend.（同じ）。ラテン語 homo fallendō dīscitur. 人は過ちを犯すことによって学ぶ（dīscitur 'he learns for himself'）。

借金地獄（debtor's hell）日本の国債（国の借金）は 1216 兆円（日本人 1 人 980 万円の借金）で、アメリカの 2 倍。財務次官はワニの口と呼んだ。使い道がなくてお金を隠匿している人、忘れている人はいませんか。

十人十色（So many men, so many minds.）ド So viele Köpfe, so viel Sinn. 頭の数だけ意見

がある。ラテン語も同じ。

十人十色（Ten men, ten tastes.）There is no accounting for tastes. 人はみな好みが異なる。才能も異なる。

正直は最善の策（Honesty is the best policy.）ド Der gerade Weg ist der beste. まっすぐの道が最良：フ Avec l'honnêteté on va le plus loin. 正直に行けば、一番遠くまで行ける。

職権上（ラテン語 ex officio）職権上、警察は大統領を逮捕した。

人生は風前の灯の如し（Life like a candle light before the wind.）死神が目の前にいるかも。

親切（礼儀）にするのにお金はかからない。Kindness（courtesy）costs no money.

好きこそ物の上手なれ（One becomes skilled at the very thing one likes.）絵が好きな人は絵がじょうず。

住めば都（There is no place like home.） ド
Wo man wohnt, da ist die Hauptstadt. 住んでい
るところが首都。ラ Ubi bene, ibi patria よ
く住めるところが祖国。

星雲の志を抱いて（with high ambitions）
アンデルセンは14歳のとき、金もコネ
もなく、星雲の志を抱いて王様の都コペ
ンハーゲンに向かった。そして刻苦勉
励、1835年、30歳のとき、『即興詩人』
と『童話』第1集を出版することができ
た。

精神一到何事か成らざらん（Where there
is a will, there is a way.） フ Vouloir c'est pou-
voir. 望むことは可能なることなり。イタ
リア語 Volere è potere（ムッソリーニ；第
2次世界大戦中）

整理整頓は人生の半分（Ordnung ist das
halbe Leben. Putting in order is half life.） 年末

に大掃除をして、荷物は半減、そして、無駄な買い物はやめましょう。

世界は舞台だ。世界全体が一つの舞台だ。そして男女はそこで演じる役者だ（シェークスピア As You Like It お気に召すまま）All the world's a stage, and all the men and women merely players.

節約　saving 100 yen means earning 100 yen. 100円の節約は100円の儲け。

善は急げ（Do quickly what is good.）逆に、急がばまわれ（Make haste slowly.）もある。

大は小を兼ねる（The greater serves for the lesser.）例外：ゴミ、戦争、赤字、お説教、税金。

タイム・ラグ（time lag；時間の遅れ）は飛行機旅行ばかりではない。学問の世界でも起こる。2021年ノーベル物理学賞を得た真鍋淑郎 Manabe Shukuro（1931-,

プリンストン上席研究員）は職を求めて、渡米したが、原理を60年前に発表していた。

高嶺の花（a flower beyond one's reach 手の届かぬ花）

多芸は無芸（Jack of all trades is master of none）というが、いろいろなことを少しずつできる人は重宝。生活の知恵。

ただより高いものはない（There is nothing more expensive than what is free.）最初は無料でも、のめり込めば、取り返しがつかない。

棚からぼた餅（windfall　風の落とし物, unexpected good luck 予期せぬ幸運）

楽しみの一年は短く、苦しみの一日は長い（A year of pleasure is short, a day of pain is long.）楽しい時はあっという間に過ぎ、苦しい時間は長く感じられる。暑いとき

は暑いと言い、寒い時は寒いと言う、人間のわがまま（selfishness）。

旅は道連れ世は情け（a companion in travelling, sympathy in life）

太郎と花子（Jack and Jill, Hans und Grete, Hänsel und Gretel, Vanya and Natasha　ワーニャとナターシャ）どれも太郎は似合いの花子を見つける。フランスは「だれかさんにはだれかさんが」（À chacun sa chacune）。

短気は損気（Out of temper, out of money.）短気を起こすと損をする。足を踏まれたら、ニッコリ会釈を返す。

<u>小さな親切</u>（a little kindness）私（主婦39歳）は7歳の息子と4歳の娘を連れて外出した。娘は常人だが、息子は車椅子である。途中でタクシーを拾った。運転手は慣れた手つきで車椅子をたたんでタク

シーのトランクに積み込んだ。目的地に着くと、運転手は再び難なくトランクから車椅子を出して、息子を座らせてくれた。そしてタクシーは去った。ふと見ると、息子と娘は手のひらに、百円玉を1個ずつ握りしめている。「どうしたの?」と聞くと、娘が答えた。「運転手さんが、お菓子を買いなさい、ってくれたの」(1996.11.6.「百円玉」)明るいお話です。

血は水よりも濃し(Blood is thicker than water.) 血筋は争われない。しかし、運と努力によって親を超えることができる。

塵(ちり)も積もれば山となる(Many a little makes a mickle.) 子供のために、毎日貯金。

手前味噌(My miso, soy-bean paste, which I

make, tastes best.）自分で作ったものが一番おいしい。自画自賛。自分の子供のほうが、よく見える。

灯台もと暗し（It is dark under the lighthouse.）森を見て木を見ない。個々の問題を全体で捉えよ。

同病相憐れむ（People with the same disease share sympathy.）ロシアのエゴイスト Putin プーチン大統領とベラルーシの独裁者ルカシェンコ Lukashenko 大統領は、国民と世界から嫌われ、相憐れむ。

都会の孤独（大きな都会は大きな孤独）A great city, a great solitude. ラテン語 magna cīvitās magna sōlitūdō マグナ・キーウィタース・マグナ・ソーリトゥードー；Erasmus 1515 にあり）はギリシアの時代からあった。古代ギリシアのアテネは大きな町だったので、友人たちが遠くに住

んでいた。現代は東京砂漠という言葉に見られるように、隣人無関心の孤独である。下の挿絵は柳田千冬画（1994）で、OL（office lady）の友達はペットのネコちゃんだけだ。

OLとペットのネコちゃん

時が来れば名案も浮かぶ（When time comes, then comes advice.）ド Kommt Zeit, kommt Rat. 前半 の kommt Zeit は wenn Zeit kommt の 意

34

味。フ Vient jour, vient conseil. の動詞＋主語も同じ。

時は金なり（Time is money.）アメリカの大統領ベンジャミン・フランクリン（1706-1790）の若者たちへの言葉 Remember that time is money. が世界中に広まった。

時（time）は食いしん坊だ　人間はもっと食いしん坊だ。ローマのことわざで、ラテン語は tempus edax, homo edacior（テンプス・エダックス、ホモ・エダキオル）という［edac-s, edac-ior］。

特技（specialty）私の特技は人の話をよく聞くことである。My specialty is to listen carefully to what other people say. 岸田総理大臣（64）。

隣の芝生は青い（The grass of the neighbor is greener than that of mine.）英語「他人の雌牛の乳房のほうが大きい」The largest udders are found on the other people's cows. ド イツ語「他人のパンはおいしい」Fremd Brot schmeckt wohl. スペイン語「隣のメンドリのほうが、わが家よりもたくさんタマゴを生む」La gallina del vecino más huevos pone que la mía. イタリア語「仲間の妻のほうが美しく見える」La moglie del compagno pare più bella.

捕らぬタヌキの皮算用（Don't count your chickens before they are hatched.）投資話に気をつけよ。

努力 effort（推敲 polish）「原稿を20回推敲せよ。たえず磨いて、磨きなおせ」とフランスの詩人ボワロー（Nicolas Boileau-Despréaux, 1636-1711）は言っている。Vingt fois sur le métier remettez votre ouvrage.：polissez-le sans cesse et le repolissez. L'art poétique, 1674. ヤーコプ・グリムの草稿

（原稿）は、ほとんど、訂正がない。アンデルセンの原稿は削除、訂正、推敲があるが、『雪の女王』（1844、全7章、デンマーク語全集版1982で24頁）は1844年12月5日に執筆開始、1844年12月21日に出版という超スピードだったので、訂正や加筆する暇がなかったと思われる。

憎まれっ子　世にはばかる（Ill weeds grow apace.）雑草は、はびこる。

二十四の瞳（24 eyes, 12 pupils 壺井栄作、1952）瀬戸内海の岬の小学校分教場に赴任してきた大石久子先生は、生徒たち十二人が大好きだった。そして生徒たちも先生が大好きだった。そんな生徒が大きくなって、戦争に取られていった。先生は「生きて戻って来るのよ」と、ささやいた。五人の男の子のうち戻って来たの

は二人だけだった。一人は盲目になっていた。1954年松竹の木下恵介監督が映画化、高峰秀子が主演した。

ネコ（吾輩は猫である I am a cat.）夏目漱石（1867-1916）は、最初『猫伝』とつけたが、『ホトトギス』の編者高浜虚子の提案で、冒頭の「吾輩は猫である」に決めた。わがはいはネコである。名前はまだない。ネコの目を通して、人間のわがままとみにくさを描く。主人公のネコ（黒猫）は漱石の家に住み始めて4年後に亡くなった。漱石はネコの死亡通知を門下生たちに送った。漱石山房記念博物館（新宿区早稲田南町）の前にねこ通りがある。漱石生誕150年を記念して2017年に開館した。

ネコとイヌ（cat and dog）は人間のペットの代表だが、イヌはサンスクリット

語、ギリシア語、ラテン語、ゲルマン語（ドイツ語 Hund はイヌ一般を指すが，英語 hound は猟犬）にあるが、ネコはエジプトから来た。神さまがイヌに向かって、お前は人間に食べさせてもらいなさい、と言ったが、ネコには何も言わなかった。最近のネコはネズミを捕らずに、人間よりも高価なエサを食っている。It rains cats and dogs.（雨がイヌとネコ降る：土砂降り）の表現について、『ブルーワー英語故事成語大辞典』Brewer's Dictionary of Phrase and Fable（1870）によると、北欧神話では、イヌとネコは土砂降りと強風の象徴。「土砂降り」ド es schüttet そそぐように降る；フ il pleut à torrents 急流のように降る。

ネコに小判（pearls before swine）無駄の意味。マタイ伝（vii, 6）に「汝の真珠をブ

タに投げるな」とある。踏まれるだけだから。

ネコも杓子も（every one）ネコはどこにでもいる動物、杓子（しゃくし、しゃもじ）は毎日使う道具であることから、ありふれたもの。「家族総出で」

残り物に福あり（There is luck in the last helping；ド Im Rest steckt das Glück）ことわざは、ギリシアの神託と同じで、当たる場合もあり、当たらない場合もある。福があることもあるので、英語は there can be luck…とするのがよい。ドイツ語も kann…stecken としたほうがよい。

バカと子供は正直（Children and fools tell truth.）お財布拾いましたと警察に。

八十の手習い（One may study calligraphy at eighty.）学習に年齢なし。

八方美人（an eight-sided beauty is cold-hearted）は心がつめたい。

花より団子（Dumplings rather than blossoms.）お説教よりお団子ください。

はやく行きたければ一人で進め。 遠くまで行きたければ、みんなで進め（アフリカのことわざ）。Go alone if you want to go quickly, go together if you want to go far.（African proverb）

バラ（rose）はアンデルセンがとりわけ好んだ花で、「キッスすると胸がときめいてくる」と自伝に書いている。東海大学デンマーク語科、草水久美子さんの卒業論文『アンデルセンにおける草花』（1980）によると、146の草花が出てくるが、バラは55の童話に登場し、頻度が最も高い。だが、美しいものの背後には危険もある。

ヘビ

（柳田千冬画）

腹八分目（Eat only 80 percent.）が健康の
もと（and you will keep healthy）。老人に
なったら、もっと減らす。

パン（bread）パンは食の代名詞。パンの
稼ぎ手（bread-winner）。一人が死ねば、
別の一人がパンを得る。一人が退職すれ
ば、一人が職を得る。アンパン、ジャム
パン、クリームパン、メロンパン、食パ

ン、昔なつかしコッペパン。チェコの学者フロズニー（Friedrich Hrozný）が1915年、「いま汝らはパンを食べ、そして水を飲むべし」と解読して、ヒッタイト語が印欧語族の言語であることを解明した。

万物は流転す（ギ panta rheî パンタ・レイ）ヘーラクレイトス Herakleitos のことば（アリストテレスによる）Everything is flowing. ドイツ語 Alles fliesst.

光は東方より（ラテン語 ex oriente lux エクス・オリエンテ・ルクス）コロンブスのアメリカ発見1492年の500年後、1992年に Ex occidente luxus（贅沢は西方より）の言葉がドイツの学術図書出版社（Darmstadt）のカタログにあった。

ピレモンとバウキス（Philemon and Baucis）敬虔で誠実な、愛し合っている老夫婦。ゼウスとヘルメスが、貧しい人間

に姿を変えて、ギリシアを旅していた。貧しい二人連れを見て、だれも彼らに宿を貸そうとしなかったが、ピレモンとバウキスの夫婦は、貧しいベッドと食事を与えた。翌朝、神々がお礼に何を望むか、と問うと、死ぬとき、夫婦一緒に死なせてください、と答えた。死ぬとき、二人は二本の木に姿を変えられ、お互いに枝をからませていた。

ピレモンとバウキス

貧乏暇なし（Poor people have no leisure.）
暇はありすぎも、なさすぎもよくない。

フクロウをアテネに運ぶ（carry owls to Athens）余計なことをする。ギリシアのアテネにはフクロウがたくさん生息していた。「水を海に運ぶ」ともいう。英語では carry coals to New Castle（石炭を産地ニューカースルに運ぶ）、フランスでは「サン・マロ（ブルターニュ半島北岸）へ貝を売りに行く」aller vendre des coquillages à Saint-Malo.

冬来りなば春遠からじ（If Winter comes, can Spring be far behind?（Shelley, Ode to the West Wind, 1819）この日本語は清野勉訳、フォックス映画「冬来りなば」1925 の訳。柳田泉口述、木村毅訳は「冬来なば」）。冬来なば OL（office lady）生活が待っている、と津田塾大学の言語

45

学概論の学期末試験の答案に書き込みが
あった。雨のち晴れ、日照りのち雨、失
敗と成功。

ふるさと（my home）ウサギ追いしかの
山、小鮒釣りしかの川 My home（ド Hei-
mat）where I ran after hares, the river where I
caught small fish. My heart always comes back to
my home. 高野辰之（1876-1947, 長野）作詞。

踏んだり蹴ったり（I was trampled and
kicked.）泣きっ面に蜂。母が病気、父が
過労で倒れた。

下手（へた）**の長談義**（Brevity is the soul
of wit. 簡潔は機知の神髄。シェークスピ
ア）ド In der Kürze liegt die Würze. 簡潔の中
に薬味がある：山椒は小粒でピリリとか
らい。フ En petite tête gît grand sens. 小さな
頭に大きな知恵が宿る。校長先生、お話
は３分で結構です。

ホモ（ラテン語homo 人間）homo faber 物を作る人間：homo litterātus 文学者、文人；homo lūdēns 遊び好きの人間。人間は本来、遊びの好きな動物である。オランダの歴史家ホイジンガ Huizinga（1872-1945）の著書。homo movēns 移動する人間。人間は、よりよい土地を求めて移動する。homo novus（キケロ）新しい人間、新しく政権の座についた人。homo sapiēns 人類、理性をそなえた人間。形は似ているが、homo-nym（同意語）の homo はギリシア語 somo（同じ）で、英語 same, some と同じ語源。語根 *sem は「1」（英語 sim-ple）。

蒔かぬ種は生えぬ（No pains, no gains.）勤勉なしに報酬なし。pains, gains で脚韻を踏む。

負けるが勝ち（To lose is to win.）今回は

負けたが、次回を目指す。

まさかの時の友こそ真の友（A friend in need is a friend indeed.）困っているときに助けてくれるのが真の友。need と indeed が脚韻を踏んでいる（カネよりコネ）。

まず生きよ、それから哲学せよ

Prīmum vīvere, deinde philosophārī　プリームム・ウィーウェレ・デインデ・フィロソファーリー。

① 300 マルク＝27000円。私（今道友信、東京大学文学部哲学・美学教授、1922-2012）が32歳（1955）のころは苦闘時代だった。私はミュンヘンに留学していた。給費が切れる少し前に、ヴュルツブルク大学に非常勤講師の職を得たとき、私は嬉しくて、買いたい本をたくさん買って、任地のヴュルツブルク Würzburg に赴いた。任期は秋学期からだった

ので、9月に大学の経理に行くと、「たしかに、あなたの名前はあるが授業は11月からなので、11月になったら、9月にさかのぼって一緒に支給する」と言われた。しまった！　お金の残りはわずか23マルク（2000円）しかない。これで11月まで食いつがねばならない。毎日パンを1個食べた。なるべく身体を使わないように図書館で勉強した。しかし、ついにフラフラになった。ある日、顔見知りの大学講師（ドイツ人）が今晩うちにおいでよと誘ってくれた。お供をすると、貧しい部屋だった。ヨーグルトを食べなよと言って、くれたので、食べた。そして、これは大事な本だから、途中で開けないで、君の部屋に入ったら開けなさい、そして33ページを見なさい、と言って、新聞紙にくるんだ本を私

に渡した。私は、まだふらつく足を引きずって、15分ほどで自分の部屋に帰り着いた。中を見ると、100マルクの紙幣が3枚（27000円）入っていた。そして「まず生きよ、それから哲学せよ、返すのは、いつでもよい」とラテン語で書いた紙片がはさんであった。助かった！　これだけあれば、生き延びられる。

②ビフテキ料理：翌年、私はソルボンヌに非常勤講師の職を得た。当時、パリの大学といえばソルボンヌだけだった。週に一度くらいは、まともな食事をしようと、土曜日の夕食はレストランで食事した。そのレストランは母娘の経営で、席は15ほどの小さなものだった。第三土曜日になると、給料前なので、いつもオムレツを注文した。ある土曜日、私を見て、今日はオムレツだなと察した母（経

営者）は、注文の品を私に届けたあと、しばらくして、「これ注文を受け間違えましたので」と言って、ビフテキの食事を持って来た。そこは通いなれた店なのでだれが何を注文するか、私にも、およその見当はついていた。そんな上等のものを注文する人が来れば、私にだって分かる。だが、その日は、そんな客はいなかった。遠慮したが、二度言うので、好意に甘えることにした。私は感動のあまり涙が、あとからあとから流れた。涙が料理の上に落ちたが、そのまま食べた。

［注］今道友信は1958年、東京大学文学部専任講師となり、教授になって、哲学と美学を講義した。1967年の東大紛争のときに文学部長として学生たちと渡り合った。1986年に紫綬褒章を受章した。

身から出た錆（Rust comes from within the body.）失敗は自分の責任。

水（water）21世紀は水を求めての戦争だといわれた。パンと水が1915年ヒッタイト語（小アジアの言語）解読のカギになった。1975年1月リスボン空港の近くのホテルに宿泊したとき、水道（running water）ではなく、水甕（ミズカメ）の水（staying water）を経験した。流れる水はありがたい。アンデルセン時代、コペンハーゲンの水道は木でできていたので、蛇口をひねるとミミズが出て来たそうだ。

見目（みめ）**より心**（Handsome is that handsome does.）美しい行いをした者が美しい；ド Herz geht vor Aussehen. 心が外見よりも先を行く；Schön ist, wer schön handelt. 英語と同じ；フ Le cœur plutôt que l'apparence. 外見よりは心。

昔は今の鏡（Old days, today's mirror）昔のことは、今の模範になる。技術が発達しても、昔を振り返れ。

村から町へ、町から市へ village → town → city（village はラテン語 villa 別荘の集合名詞）。「ちりも積もれば山となる」のタイプ。ドイツに Wil（標準語 Weiler）という鉄道駅があるが、これは「村」の意味。ポルトガルに Vigo という急行列車の停車駅・終点駅があり、これも「村」の意味。語源はラテン語 vicus「村」でギリシア語 oikos は「家」、oiko-nomía「家を司ること」から economy「経済」。ドイツ語 Stadt とフランス語 ville は「町」と「市」の意味がある。

　筆者が中学時代と高校時代を過ごした東京都南多摩郡町田町は 1958 年に町田

市となった。町田町の前は町田村（1888）だった。これも村 village → 町 town → 市 city への発達である。

飯を食う（live on）日本人は米を常食にしている（The Japanese live on rice.）を戦後（1945）The Japanese live on lice.（日本人はシラミを常食にしている）と聞き違えられた。日本語はエルとアールの区別がないからだ。read（読む）と lead（導く）、red（赤）と lead［led］（鉛）。笑点の三遊亭小遊三（1947-）が都営住宅を申し込みに新宿区の市役所に行ったとき、窓口で、お前は何で飯を食っているんだ、と問われて、ハイ、茶碗と箸で飯を食っています、と答えた（徹子の部屋）。

餅は餅屋（Everything has its specialist.）何事も専門家がいる。病気なら田中さん、料理なら木村さん、英語なら山田さん。

油断大敵（Security is the greatest enemy.）安全（security）と思うことが大きな敵。

ゆっくり急げ（ラテン語festīnā lentē フェスティーナー・レンテー）ローマ皇帝 Augustus の言葉。ラテン語・ギリシア語学者、京都大学教授・田中秀央（Hidenaka Tanaka, 1886-1974）のモットーで、その著書の題字に載る。急がばまわれ。ウサギとカメの話。主著『ギリシア・ラテン引用語辞典』（落合太郎と共編著、岩波書店、1937）に、この言葉がある。

淀（よど）んでいる水（standing water）は悪臭。長期政権は堕落のもと。マンネリは進歩せず。Standing pools gather filth.（汚物がたまる）：ド Stehendes Wasser stinkt.（くさい）：フ「眠っている水よりわるい水はない。

楽あれば苦あり（After the storm comes

55

calm.）楽のあとに苦、苦のあとに楽。

歴史は繰り返す（History repeats itself.）戦争から平和と繁栄。日本の歴史で、江戸時代250年は戦争がなかったので、繁栄した。歴史の父と呼ばれるヘロドトス（Herodotos, 紀元前5世紀）の言葉とされる。その歴史はnarrative history（歴史物語）と呼ばれ、フランス語histoire（イストワール）は「歴史」と「物語」の意味があり、英語storyとhistoryは同じ語源。ドイツ語Geschichte（ゲシヒテ）の語源は「起こったこと」（geschehen起こる）で、これも歴史と物語の意味がある。

老人と若者（young and old）人は老人を敬い、老人は若者を教えるべし。デンマークのことわざ。

ワイン（wine）の中に真理あり。酔うと本音が出る。In wine there is truth. ラ in vīnō vēritās. ギen oínôi alētheia（真理、アレーテイア；英語式にはアリシア；ギリシア語が出典）ワインはギリシア発（前2千年紀）、ローマに伝わり、全世界に広まった。

わが家はお城（My house is my castle.） 旅から帰って、一番おちつくのはわが家だ。おかえり。本棚、テーブル、椅子、寝具が6畳で待っている。

渡る世間に鬼はいない。どこでも、だれかが助けてくれる。逆に、『渡る世間は鬼ばかり』（橋田寿賀子作、1990-2019）というテレビドラマがあった。

［追加］ことわざ137. **人生は、何もしないでいるには長過ぎるが、何かするには短過ぎる**（Life is too long not to do anything, but too short to do something.） 中島敦『狼疾記』1942.

［参考文献］ことわざ故事金言小事典（江藤寛子・加古三郎共編）福音館書店、1963）3169項目。

著者プロフィール

下宮 忠雄 (しもみや ただお)

1935年、東京生まれ。

早稲田大学（英文）1957-61, 東京教育大学大学院（言語学）1961-65, ボン大学1965-67, サラマンカ大学（バスク語）1974-75で学ぶ。2005年、学習院大学名誉教授。2010年、文学博士。

専門：ゲルマン語学、比較言語学。

主著：ドイツ語語源小辞典、1992；ドイツ・西欧ことわざ・名句小辞典、1994；ドイツ・ゲルマン文献学小事典、1995；グリム童話・伝説・神話・文法小辞典、2009（以上、同学社）；バスク語入門（大修館書店、1996⁴）；ノルウェー語四週間（大学書林、1993）；言語学I（英語学文献解題第1巻、研究社、1998）。

ことわざ137個　（小さな喜び）

2022年11月15日　初版第1刷発行

著　者　　下宮　忠雄

発行者　　瓜谷　綱延

発行所　　株式会社文芸社
　　　　　〒160-0022　東京都新宿区新宿1－10－1
　　　　　　　　　　　電話　03-5369-3060　（代表）
　　　　　　　　　　　　　　03-5369-2299　（販売）

印刷所　　図書印刷株式会社

ISBN978-4-286-23719-0　　　　　　　　JASRAC　出2205914－201

（MEMO）

（MEMO）

（MEMO）

（MEMO）